Udo Hahn
Zeit für Dich

kiefel

Am Beginn eines neuen Tages
nimm Dir Zeit für Dich:
atme die Morgenluft,
spüre die Sonnenstrahlen,
fühle Deinen Körper,
schüttle die Trägheit ab,
schärfe Deinen Blick
und lebe!

Leben

Ruhen

Am Abend eines jeden Tages
nimm Dir Zeit für Dich:
atme die Hektik aus,
laß Deine Sorgen los,
sei dankbar für das, was geworden ist,
sei gnädig mit Dir, bei allem, was mißlungen ist,
freue Dich auf den kommenden Tag
und ruhe!

Das Leben braucht den Rhythmus
von Arbeit und freier Zeit,
von Ausspannen und Entspannen,
von Hektik und Ruhe.

Wer diese gesunde Balance nicht hält,
dessen Leben steht in der Gefahr,
aus dem Gleichgewicht zu kommen.

Zuerst gerät der Mensch in Streit
mit seinem Nächsten und seiner Umwelt
und schließlich mit sich selbst.

Gleichgewicht

Gehe mit der Zeit verschwenderisch um,

aber laß Dich nicht von ihr treiben.

Schenke Deine Zeit anderen Menschen,

und Du wirst spüren, daß sie nicht verloren ist.

Nimm Dir Zeit

und nicht das Leben,

sonst nimmt Dir die Zeit

das Leben.

Zeit nehmen

Hoffnung, daß sich das Leben trotzdem lohnt:

Wenn Du am Morgen erwachst,
dann freue Dich über das, was kommt.
Denke nicht an die Last,
denn sonst verlierst Du den Tag
und legst Dich am Abend nieder,
verzweifelt über das, was war.
Wenn der neue Tag anbricht,
beherrscht Dich die Wut über das,
was gestern nicht geworden ist,
und Du verlierst einen weiteren Tag.

Hoffnung

Gehe sorgsam mit Dir um.

Nicht alle Deine Aufgaben müssen Dir gelingen,

nicht alle Deine Pläne aufgehen,

nicht alle Wünsche in Erfüllung gehen.

Du mußt nicht perfekt sein,

Du darfst Fehler machen,

Du darfst Schwächen zeigen,

Du darfst auf Vergebung hoffen.

Sorgsam sein

Zeit-Erscheinungen

Sehnsucht

Verschüttet

Verleugnet

Verdrängt

Warten

Beklagt

Verachtet

Verzweifelt

Verzehre Dich nicht mit Nachdenken über morgen,
denn jeder Tag hat seine eigene Last.
Wenn Du heute schon an morgen denkst, verdoppelst du sie,
und dann reicht Dir die Kraft nicht mehr,
weder für heute noch für morgen.
Gib den Sorgen keine Gewalt über Dich,
laß Dich nicht von ihnen beeindrucken.

Nachdenken

Tu Dir etwas Gutes,

jeden Tag

eine Streicheleinheit:

laß Deine Seele baumeln,

laß Dein Gemüt lächeln,

laß Dein Herz froh sein,

mach einem Menschen eine Freude.

Die Seele baumeln lassen

Sich finden

Mögest Du Zeit haben

Zeit für Dich:

zum Arbeiten,

zum Entspannen,

zum Nachdenken,

um Dich selbst zu finden.

Zeit für andere:

zum Reden,

zum Lieben,

zum Glücklichmachen,

um Dich selbst zu finden.

Was ist das Schönste auf Erden?

In den Armen eines geliebten Menschen zu versinken,

die Grenzen von Zeit und Ewigkeit verschwimmen sehen,

träumen mit offenen Augen.

Die Lust zu leben – heute;

den Sorgen keine Macht über sich zu geben,

selbstvergessen sich einer Aufgabe hingeben.

Lust zu leben

Nimm Dir Zeit,
Dich selbst zu entdecken,
um zu erfahren, wer Du bist,
um zu erkennen,
daß Du ganz Du selbst sein darfst
und doch ein anderer werden kannst –
mit der Zeit.

Erkennen

Jeder Mensch hat Zeit,
jeden Tag gleich viel.
Die Frage ist nur:
Was mache ich mit meiner Zeit?

Ein Tag ist kurz,
wenn Du Dich treiben läßt,
wenn Du nur lebst, um zu arbeiten,
wenn Du zu viele Ansprüche hast.

Ein Tag ist lang genug,
wenn Du eins nach dem anderen erledigst,
wenn Du arbeitest, um zu leben,
wenn Du Dich begnügen kannst.

Zeit einteilen

Schlage die Zeit nicht tot,

es wäre ein Angriff gegen Dich selbst.

Nutze die Zeit,

sie ist das Geschenk Deines Lebens.

Sie bringt Hoffnung und Geduld,

Gelassenheit und Liebe.

Und sie wird

die Furcht des letzten Augenblicks besiegen.

Geschenke des Lebens

Was ist gute Zeit?
Wenn ich jung bin?
Wenn ich aktiv bin?
Wenn ich gesund bin?
Wenn ich Erfolg habe?

Verachte nicht die andere Zeit,
wenn Du in die Jahre kommst,
wenn Deine Kräfte nachlassen,
wenn Krankheit Dich quält,
wenn Mißerfolg sich einstellt.

Dein ganzes Lebens ist wertvoll:
jedes Jahr,
jeder Tag,
jede Sekunde,
jede Stunde.

Kostbarkeiten

Zeit

Lebenszeit –

Arbeitszeit –

Weltzeit –

Zeit ist Geld,

Zeit ist Leben,

Zeit ist Begegnung,

Zeit ist Freude,

Zeit ist Liebe.

Geteilte Zeit ist doppelte Zeit.

Wer Zeit gewinnen will, verliert sie.

Das Leben:

empfangene Zeit,

anvertraute Zeit,

geliehene Zeit.

Die Zeit läßt sich nicht beherrschen,

von niemandem.

Wer sie zwingen will,

den macht sie gefügig.

Darum sei klug

und nimm, was Dir geschenkt ist.

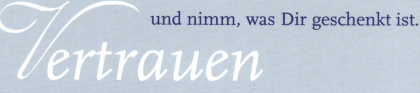

Vertrauen

Dunkle Zeiten:

Trost-los

Wort-los

Beziehungs-los

Hoffnungs-los

Sinn-los

Helle Zeiten:

Trost-voll

Wort-reich

Hoffnungs-voll

Sinn-voll

Zeiten voller Trost

Jeder Augenblick zählt:

Pflücke die Tage Deines Lebens

zu einem großen Blumenstrauß.

In der Hektik des Alltags

verflüchtigt sich der Duft mancher Blüte allzu rasch,

so daß in der Erinnerung viel zu viele

welke Knospen und Blätter bleiben.

Zu Unrecht,

denn im Grunde zählt jeder Augenblick!

Augenblicke

Fotonachweis

Werner Dieterich	Seite 13, 15, 20
Wolfgang Ehn	Seite 7
Ruth Eisele	Seite 31
Ilse Hartig-Ziemer	Seite 43, Titel
Michael Jordan	Seite 37
Reinhard Kemmether	Seite 11, 19, 27, 32
Helmut Mülnikel	Seite 25, 29, 41
Jörn Sackermann	Seite 9, 16, 23
Karl-Heinz Schlierbach	Seite 39
Jürgen Vogt	Seite 35

Die Deutsche Bibliothek – CIP-Einheitsaufnahme

Hahn, Udo:
Zeit für Dich: Udo Hahn
Gütersloh : Kiefel, 2001
ISBN 3-579-05632-8

ISBN 3-579-05632-8
© Kiefel/Gütersloher Verlagshaus, Gütersloh 2001
Das Werk einschließlich aller seiner Teile ist urheberrechtlich geschützt.
Jede Verwertung außerhalb der engen Grenzen des Urheberrechtsgesetzes
ist ohne Zustimmung des Verlages unzulässig und strafbar. Das gilt
insbesondere für Vervielfältigungen, Übersetzungen, Mikroverfilmungen
und die Einspeicherung und Verarbeitung in elektronischen Systemen.

Gestaltung und Satz: Init, Bielefeld
Reproduktion: Peter Karau, Bochum
Druck und Verarbeitung: Proost, Turnhout, Belgien

Besuchen Sie uns im Internet: http://www.kiefelverlag.de